Kuschelig und lustig anzuschauen sind die kleinen Monster aus der beliebten Wash+Filz-it!. Kombiniert mit verschiedenen flauschigen Effektgarnen und aufgepeppt durch Augen und Haare entstehen einzigartige und lustige Begleiter für Rucksack und Handtasche.

Egal, ob es ein kleines, dickes, buntes, unifarbenes, zotteliges oder verrücktes Monster werden soll: Diese Unikate sind mit dicken Nadeln schnell gestrickt und in der Waschmaschine verfilzt. Detaillierte Schritt-für-Schritt-Anleitungen sorgen dabei für ein sicheres Gelingen.

Nach nur einem Waschgang hält man dann sein Monster in den Händen. Aber Vorsicht, die Kerlchen entwickeln einen großen Appetit: Kaum ein Gerät ist dann vor ihnen sicher. So sorgen die wilden Typen nicht nur für gute Laune, sondern schützen Ihre Geräte ganz praktisch auch vor Kratzern, Kälte, Schmutz und Feuchtigkeit.

Sie werden sehen: Wenn das erste Monster bei Ihnen eingezogen ist und Ihr Herz erobert hat, bekommen die kleinen Kerle ganz schnell Zuwachs ...

Viel Spaß und gutes Gelingen beim „Monstern" wünscht Ihnen

U. Stelzner

Bolle, der Trendsetter

weiß immer, was angesagt ist

GRÖSSE

Passend für Geräte in der Größe von 8 cm x 5 cm

Außenmaße:
gestrickt: 17,5 cm x 9 cm
verfilzt: 13,5 cm x 7,5 cm

MATERIAL

* Schachenmayr Wash+Filz-it! fine in Petrol (Fb 107), 50 g
* Schachenmayr Brazilia in Burgund (Fb 38), Silber (Fb 90) und Malachit (Fb 1284), je 50 g
* Nadelspiel 8mm
* Wackelaugen, oval 20 mm
* Textil-Schmuckstein-Kleber
* Stopfnadel

MASCHENPROBE

Bei glatt rechts
14 M und 16 R
= 10 cm x 10 cm (gestrickt)
= 7,5 cm x 8,5 cm (verfilzt)

Glatt rechts in Runden

Alle M rechts str.

Anleitung

Mit je einem Faden in Petrol und Burgund 24 M anschl, zur Rd schließen und 3 Rd glatt rechts str. Weiter mit je einem Faden Wash+Filz-it! und Brazilia arb, dabei für das Streifenmuster jeweils nur den Faden in Brazilia tauschen. 5 Rd in Silber, 3 Rd in Malachit, 4 Rd in Burgund und 2 Rd in Silber glatt rechts str.
Die nächste Rd weiter in Silber arb, dabei 8 M für die Mundöffnung abk. In der nächsten Rd die 8 M wieder neu anschl. Noch 1 Rd in Silber darüber str = 5 Rd in Silber. Nun 3 Rd in Malachit und 1 Rd in Burgund glatt rechts arb. In der nächsten Rd weiter mit Burgund die 1. + 2. M und 3. + 4. M auf jeder Nd rechts zusammenstr. 1 Rd in Burgund ohne Abnahmen darüber str. Dann in Silber weiterarb und auf jeder Nd 2 M rechts zusammenstr. In der nächsten Rd die verbliebenen 4 M nacheinander rechts zusammenstr, bis nur noch 1 M auf der Nd ist (siehe TOPP-Tipps). Fäden trennen und durchziehen.

Fertigstellen

Die untere Naht des Monsters schließen und alle Fäden vernähen.

Waschen

Bei 60 °C (siehe „So wird's gemacht…") mit ähnlichen Farben in der Waschmaschine waschen. Nach dem Trocknen die Augen mit Textil-Schmuckstein-Kleber aufkleben.

Mein Tipp für Sie

Farbwahl Ihren Farbvorlieben sind bei diesem Monster keine Grenzen gesetzt. Auch in knalligen Farben und ungewöhnlichen Farbkombinationen macht es sich gut!

Babalou, der Clown

lustig bunt und verspielt

GRÖSSE

Passend für Geräte in der Größe von 11 cm x 7 cm

Außenmaße:
gestrickt: 16,5 cm x 14,5 cm
verfilzt: 12 cm x 11,5 cm

MATERIAL

* Schachenmayr Wash+Filz-it! Tweedcolor in White Tweed Color (Fb 1080), 50 g
* Schachenmayr Wash+Filz-it! in Red (Fb 19), Ruby (Fb 06), Azur (Fb 13) und Grass Green (Fb 16), Reste
* Schachenmayr Brazilia in Weiß (Fb 01), 50 g
* Schachenmayr Brazilia in Weinrot (Fb 31) und Marine (Fb 50), Reste
* Nadelspiel 8 mm
* Häkelnadel 5 mm
* Wackelaugen rund, blau 20 mm
* Textil-Schmuckstein-Kleber
* Stopfnadel

MASCHENPROBE

Bei glatt rechts
11 M und 15 R
= 10 cm x 10 cm (gestrickt)
= 7,5 cm x 8 cm (verfilzt)

Glatt rechts in Runden

Alle M rechts str.

Glatt rechts in Reihen

In Hinr rechte M, in Rückr linke M str.

Anleitung

Mit je einem Faden White Tweed Color und Weiß 32 M anschl, zur Rd schließen und 14 Rd glatt rechts str. In der nächsten Rd für die Mundöffnung 12 M abk und diese in der nächsten Rd wieder neu anschl. Noch 7 Rd gerade hoch glatt rechts str, dann alle M abk. Obere und untere Naht des Monsters schließen.

Haare

In Red, Ruby, Azur und Grass Green je 4 Fäden in einer Länge von 10 - 15 cm bereitlegen und diese mit Hilfe der Häkelnadel an der oberen Naht entlang einknüpfen. Dabei auf eine gleichmäßige Farbverteilung achten.

Arme

Für den 1. Arm mit je einem Faden in Red und Weinrot 3 M anschl und diese über 9 R als Strickkordel arb (siehe TOPP-Tipps), dann alle M abk. Den 2. Arm in Azur und Marine ebenso anfertigen.

Kugeln

Für die 1. Kugel mit je einem Faden in Red und Weinrot 3 M anschl, die erste R als Rückr links str, danach weiter glatt rechts arb. In der 2. + 4. R am Reihenanfang und -ende jeweils 1 M zun = 7 M. Die 5. - 7. R ohne Zunahmen str, in der 8. + 10. R jeweils am Reihenanfang und -ende 1 M abn = 3 M. Die 11. R rechts str, dann die restlichen 3 M abk und dabei ca. 10 cm Faden hängen lassen. Diesen Faden mit Hilfe der Stopfnadel rundherum durch den Rand des Strickstücks fädeln, dieses zu einer Kugel zusammenziehen und die Fäden vernähen. Die 2. Kugel in Azur und Marine ebenso arb.

Fertigstellen

Die rote Kugel am blauen Arm und die blaue Kugel am roten Arm annähen. Beide Arme an den Seiten des Monsters ca. 1 cm unterhalb des Mundes festnähen. Alle Fäden vernähen.

Waschen

Bei 60 °C (siehe „So wird's gemacht...") mit ähnlichen Farben in der Waschmaschine waschen. Nach dem Trocknen die Augen mit Textil-Schmuckstein-Kleber aufkleben.

Lulu, die Diva

ein Star in Rot

GRÖSSE
Passend für Geräte in der Größe von 8 cm x 4 cm

Außenmaße:
gestrickt: 28 cm x 7 cm
verfilzt: 20,5 cm x 5 cm

MATERIAL

* Schachenmayr Wash+Filz-it! multicolor fine in Esprit Color (Fb 1083), 50 g
* Schachenmayr Brazilia in Weinrot (Fb 31), 50 g
* Schachenmayr Brazilia in Violett (Fb1280) und Blütenrosa (Fb 37), Reste
* Nadelspiel 8 mm
* Wackelaugen, oval 18 mm
* Textil-Schmuckstein-Kleber
* Stopfnadel

MASCHENPROBE
Bei glatt rechts
14 M und 16 R
= 10 cm x 10 cm (gestrickt)
= 7,5 cm x 8,5 cm (verfilzt)

Glatt rechts in Runden

Alle M rechts str.

Anleitung

Mit je einem Faden in Esprit Color und Weinrot 16 M anschl, zur Rd schließen und 2 Rd glatt rechts str. Weiter mit je einem Faden Wash+Filz-it! und Brazilia arb, für das Farbmuster jeweils nur den Faden in Brazilia tauschen. * 2 Rd in Blütenrosa, 2 Rd in Violett, 2 Rd in Weinrot, ab * 1x wiederholen = 14 Rd. Nun für die Mundöffnung 6 M abk und diese 6 M in der nächsten Rd wieder neu anschl. In Weinrot noch 4 weitere Rd ohne Abnahmen glatt rechts str. Dann auf jeder Nd die 1. + 2. M und 3. + 4. M rechts zusammenstr. Über die verbliebenen 8 M noch weitere 10 Rd ohne Abnahmen arb. Nun die 1 .+ 2. M auf jeder Nd rechts zusammenstr. Die restlichen 4 M in Blütenrosa noch 10 Rd glatt rechts str. In der letzten Rd alle M nacheinander rechts zusammenstr, bis nur noch 1 M auf der Nd ist (siehe TOPP-Tipps). Fäden trennen und durchziehen.

Fertigstellen

Die untere Naht des Monsters schließen und alle Fäden vernähen.

Waschen

Bei 60 °C (siehe „So wird's gemacht...") mit ähnlichen Farben in der Waschmaschine waschen. Nach dem Trocknen die Augen mit Textil-Schmuckstein-Kleber aufkleben.

Mein Tipp für Sie

Spitze formen Die Spitze erhält eine schön gebogene Form, wenn sie in noch feuchtem Zustand mit einer Stecknadel am Hinterkopf des Monsters festgesteckt wird. Nach dem Trocknen bleibt die Form erhalten.

Knurps, das Leckermaul

frisst nicht nur Handys ...

GRÖSSE

Passend für Geräte in der Größe von 10 cm x 5 cm

Außenmaße:
gestrickt: 21 cm x 10,5 cm
verfilzt: 16 cm x 9 cm

MATERIAL

* Schachenmayr Wash+ filz-it! in Azur (Fb 13), 50 g
* Schachenmayr Wash+ filz-it! multicolor fine in Jamaika (Fb 1082), 50 g
* Schachenmayr Brazilia in Marine (Fb 50), 50 g
* Nadelspiel 8 mm
* Wackelaugen, oval 20 mm
* Textil-Schmuckstein-Kleber
* Stopfnadel

MASCHENPROBE

Bei glatt rechts
11 M und 15 R
= 10 cm x 10 cm (gestrickt)
= 8 cm x 8 cm (verfilzt)

Glatt rechts in Runden

Alle M rechts str.

Glatt rechts in Reihen

In Hinr rechte M, in Rückr linke M str.

Anleitung

Mit je einem Faden in Azur und Marine 24 M anschl, zur Rd schließen und 15 Rd glatt rechts str. Dann für die Mundöffnung 8 M abk und in der nächsten Rd die 8 M wieder neu anschl. Weitere 4 Rd glatt rechts str. In der 5. Rd ab den neu angeschlagenen M die 3. + 4. M auf jeder Nd rechts zusammenstr und 1 Rd ohne Abnahmen darüber str. Nun auf jeder Nd die 1. + 2. M und 4. + 5. M rechts zusammenstr. Wieder 2 Rd ohne Abnahmen arb. Jetzt die 1. + 2. M auf jeder Nd rechts zusammenstr und weitere 2 Rd ohne Abnahmen str. In der nächsten Rd die verbliebenen 2 M jeder Nd rechts zusammenstr und in der kommenden Rd die letzten 4 M nacheinander rechts zusammenstr, bis nur noch 1 M auf der Nd ist (siehe TOPP-Tipps). Die Fäden trennen und durchziehen.

Flicken

Die Flicken in Jamaika arb. Es werden vier verschiedene Größen gestrickt.
1x 9 M und 9 R glatt rechts str, abk.
1x 7 M und 5 R glatt rechts str, abk.
1x 6 M und 7 R glatt rechts str, abk.
1x 4 M und 3 R glatt rechts str, abk.

Fertigstellen

Die untere Naht des Monsters schließen und alle Fäden vernähen. Die Flicken rundherum an den Kanten mit einem Faden Azur und der Stopfnadel aufnähen.

Waschen

Bei 60 °C (siehe „So wird's gemacht...") mit ähnlichen Farben in der Waschmaschine waschen. Nach dem Trocknen die Augen mit Textil-Schmuckstein-Kleber aufkleben.

Mein Tipp für Sie

Flicken aufnähen Noch verrückter wird das Monster, wenn die Flicken mit einer anderen Farbe festgenäht werden.

Bob, der Winzling

klein aber Oho!

GRÖSSE
Passend für Geräte in der Größe von 4 cm x 2,7 cm

Außenmaße:
gestrickt: 15 cm x 12 cm
verfilzt: 8 cm x 6,5 cm

MATERIAL
* Schachenmayr Wash+ filz-it! fashion in Sienna (Fb 26), 50 g
* Schachenmayr Brazilia in Weiß (Fb 01), Rest
* Nadelspiel 8 mm
* Häkelnadel 5 mm
* Wackelaugen rund, rot mit Wimpern 10 mm
* Textil-Schmuckstein-Kleber
* Stopfnadel

MASCHENPROBE
Bei glatt rechts
12 M und 13 R
= 10 cm x 10 cm (gestrickt)
= 7 cm x 8 cm (verfilzt)

Glatt rechts in Runden

Alle M rechts str.

Anleitung

In Sienna 20 M anschl, zur Rd schließen und 11 Rd glatt rechts str. Dann 6 M für die Mundöffnung abk und in der nächsten Rd die 6 M wieder neu anschl. Weitere 4 Rd glatt rechts str. In der 5. Rd ab den neu angeschlagenen M die 1. + 2. M auf jeder Nd rechts zusammenstr. In der kommenden Rd die 1. + 2. M und 3. + 4. M auf jeder Nd rechts zusammenstr. Noch eine weitere Rd ohne Abnahmen arb. Nun auf jeder Nd die 1. + 2. M rechts zusammenstr. In der kommenden Rd die verbliebenen 4 M nacheinander rechts zusammenstr, bis nur noch 1 M auf der Nd ist (siehe TOPP-Tipps). Den Faden trennen und durchziehen.

Arme

Die Arme werden als Strickkordel gearbeitet (siehe TOPP-Tipps). Dafür 3 M in Sienna anschl und 6 R str, dann noch einen Faden Brazilia in Weiß dazunehmen und noch weitere 4 R arb.
Den 2. Arm ebenso str.

Haare

In Sienna ca. 15 Fäden in der Länge von 10 - 12 cm bereitlegen und diese mit Hilfe der Häkelnadel ca. 1,5 cm von der oberen Spitze entfernt rundherum am Kopf einknüpfen.

Fertigstellen

Die untere Naht des Monsters schließen und alle Fäden vernähen.
Die Arme 1 cm unterhalb des Mundes an beiden Seiten mit einem Faden Sienna und der Stopfnadel annähen.

Waschen

Bei 60 °C (siehe „So wird's gemacht...“) mit ähnlichen Farben in der Waschmaschine waschen. Nach dem Trocknen die Augen mit Textil-Schmuckstein-Kleber aufkleben.

Dani, der Dezente

gibt sich ganz seriös

GRÖSSE
Passend für Geräte in der Größe von 11,5 cm x 5 cm

Außenmaße:
gestrickt: 25 cm x 10 cm
verfilzt: 19,5 cm x 8,5 cm

MATERIAL
* Schachenmayr Wash+Filz-it! in White (Fb 02), 50 g
* Schachenmayr Wash+Filz-it! in Steel (Fb 21) und Black (Fb 01), Reste
* Schachenmayr Brazilia Fantasy Color in Fantasy Marmor (Fb 395), 50 g
* Nadelspiel 8 mm
* Häkelnadel 5 mm
* Wackelaugen, rund 20 mm
* Textil-Schmuckstein-Kleber
* Stopfnadel

MASCHENPROBE
Bei glatt rechts
11 M und 15 R
= 10 cm x 10 cm (gestrickt)
= 8 cm x 8 cm (verfilzt)

Glatt rechts in Runden

Alle M rechts str.

Anleitung

Mit je einem Faden in White und Fantasy Marmor 8 M anschl, zur Rd schließen und 10 Rd glatt rechts str. In der 11. Rd mit den Zunahmen für den Körper beginnen, dafür vor der 1. M und nach der 2. M auf jeder Nd je 1 M zun = 4 M pro Nd, 16 M insgesamt. Mit dieser Mzahl 6 Rd glatt rechts str. In der nächsten Rd vor der 1. M und nach der 4. M auf jeder Nd je 1 M zun = 6 M pro Nd, 24 M insgesamt. Mit dieser Mzahl 15 Rd glatt rechts str. In der 16. Rd 8 M für die Mundöffnung abk und diese M in der nächsten Rd wieder neu anschl. Nun über die gesamten 24 M noch 7 Rd glatt rechts str. Danach alle M nicht zu locker abk. Die obere Öffnung zunähen, die untere Öffnung bleibt für Ladekabel oder Kopfhörer offen. Alle Fäden vernähen.

Haare

Für die Haare 10 Fäden in Steel, 5 Fäden in Black und 8 Fäden in White in einer Länge von ca. 20 cm bereitlegen und diese mit der Häkelnadel auf der oberen Naht und darum herum einknüpfen. Dabei die Farben gleichmäßig verteilen.

Waschen

Bei 60 °C (siehe „So wird's gemacht…") mit ähnlichen Farben in der Waschmaschine waschen.

Fertigstellen

Nach dem Waschen in feuchtem Zustand mit einer Stricknadel vom Nadelspiel die untere Öffnung in Form bringen, sodass später das Endstück des Ladekabels oder Kopfhörers hindurch passt.
Nach dem Trocknen die Augen mit Textil-Schmuckstein-Kleber aufkleben.

Mein Tipp für Sie

Frisur Sie können die Haare auch nach Farben ordnen und dem Monster so eine witzige Streifen-Frisur verpassen.

Rosalie, die Beauty-Queen

gewinnt jeden Schönheitswettbewerb

GRÖSSE

Passend für Geräte in der Größe von 9,5 cm x 5 cm

Außenmaße:
gestrickt: 20 cm x 10 cm
verfilzt: 14 cm x 8 cm

MATERIAL

* Schachenmayr Wash+Filz-it! in Rose (Fb 10) und Pink (Fb 11), je 50 g
* Schachenmayr Brazilia in Blütenrosa (Fb 37), 50 g
* Nadelspiel 8 mm
* Häkelnadel 5 mm
* Wackelaugen, rund 25 mm
* Textil-Schmuckstein-Kleber
* Stopfnadel

MASCHENPROBE

Bei glatt rechts
11 M und 15 R
= 10 cm x 10 cm (gestrickt)
= 8 cm x 8 cm (verfilzt)

Glatt rechts in Runden

Alle M rechts str.

Anleitung

Mit je einem Faden in Rose und Blütenrosa 24 M anschl, zur Rd schließen und 2 Rd glatt rechts str. Dann * 1 Rd in Pink und Blütenrosa, 2 Rd in Rose und Blütenrosa arb, ab * wdh, bis 17 Rd gestrickt sind. In der 18. Rd einfädig nur mit Pink 8 M für die Mundöffnung abk, die Rd doppelfädig mit je einem Faden in Pink und Blütenrosa beenden. In der folgenden Rd die 8 M über der Mundöffnung einfädig nur in Pink neu anschl, die Rd doppelfädig mit je einem Faden in Rose und Blütenrosa beenden. Mit Rose und Blütenrosa noch 5 Rd glatt rechts str. Dann auf jeder Nd die 1. + 2. M und 3. + 4. M rechts zusammenstr = 4 M pro Nd. In der nächsten Rd die 1. + 2. M und 3. + 4. M jeder Nd rechts zusammenstr = 2 M pro Nd. Über diese insgesamt 8 M noch 2 Rd glatt rechts str, anschließend auf jeder Nd 2 M rechts zusammenstr. Die letzten 4 M nacheinander rechts zusammenstr, bis nur noch 1 M auf der Nd ist (siehe TOPP-Tipps). Die Fäden trennen und durchziehen.

Haare

15 Fäden in einer Länge von 10 - 15 cm in Pink bereitlegen und diese mit Hilfe der Häkelnadel am oberen Ende des Monsters einknüpfen.

Fertigstellen

Die untere Naht des Monsters schließen und alle Fäden vernähen.

Waschen

Bei 60 °C (siehe „So wird's gemacht…") mit ähnlichen Farben in der Waschmaschine waschen. Nach dem Trocknen die Augen mit Textil-Schmuckstein-Kleber aufkleben.

Mein Tipp für Sie

Haarlänge Sie sollten die Haare des Monsters nicht wesentlich länger lassen als angegeben, da diese sich sonst in der Waschmaschine leicht verknoten.

Gloss volumizzante

Sweety, das Herzblatt

einfach zum Verlieben

GRÖSSE

Passend für Geräte in der Größe von 10 cm x 5 cm

Außenmaße:
gestrickt: 20,5 cm x 11 cm
verfilzt: 16 cm x 7,5 cm

MATERIAL

* Schachenmayr Wash+ Filz-it! in Red (Fb 19), 50 g
* Schachenmayr Brazilia in Weinrot (Fb 31), 50 g
* Schachenmayr Brazilia in Weiß (Fb 01), Rest
* Nadelspiel 8 mm
* Wackelaugen, rund 18 mm
* Textil-Schmuckstein-Kleber
* Stopfnadel

MASCHENPROBE

Bei glatt rechts
11 M und 15 R
= 10 cm x 10 cm (gestrickt)
= 8 cm x 8 cm (verfilzt)

Glatt rechts in Runden

Alle M rechts str.

Glatt rechts in Reihen

In Hinr rechte M, in Rückr linke M str.

Anleitung

Mit je einem Faden in Red und Weinrot 20 M anschl, zur Rd schließen und 7 Rd glatt rechts str. Dann die 5 M der 1. Nd in Red und Weiß str, die restlichen 15 M weiter in Red und Weinrot str. Diese Farbaufteilung beibehalten und 9 Rd glatt rechts str. Nun 2 Rd über alle M in Red und Weinrot arb. In der folgenden Rd 7 M für die Mundöffnung abk und diese M in der nächsten Rd wieder neu anschl. Weitere 4 Rd ohne Abnahmen glatt rechts str, dann die 1. + 2. M und 4. + 5. M auf jeder Nd rechts zusammenstr. 1 Rd ohne Abnahmen darüber str. In der folgenden Rd die 1. + 2. M auf jeder Nd rechts zusammenstr und wieder 1 Rd ohne Abnahmen str. Nun auf jeder Nd die 1. + 2. M rechts zusammenstr. In der letzten Rd die verbliebenen 4 M nacheinander rechts zusammenstr, bis nur noch 1 M auf der Nd ist (siehe TOPP-Tipps). Die Fäden trennen und durchziehen.

Herz

Für das Filzherz in Red ein Quadrat str. Dafür mit 2 Nd des Nadelspiels 12 M anschl und 12 R glatt rechts str. Alle M abk.

Fertigstellen

Die untere Naht des Monsters schließen und alle Fäden vernähen.

Waschen

Das Quadrat mit dem Monster zusammen bei 60 °C (siehe „So wird's gemacht…") mit ähnlichen Farben in der Waschmaschine waschen. Nach dem Trocknen die Augen mit Textil-Schmuckstein-Kleber aufkleben. Aus dem Filzquadrat ein Herz ausschneiden, evtl. vorher eine Schablone aus Karton herstellen. Das Herz mit ein paar Stichen auf dem weißen Bauch des Monsters festnähen.

Lala, das Glamour-Girl

liebt glänzende Auftritte

GRÖSSE

Passend für Geräte in der Größe von 10 cm x 5 cm

Außenmaße:
gestrickt: 20 cm x 10 cm
verfilzt: 16,5 cm x 8 cm

MATERIAL

* Schachenmayr Wash+ filz-it! in Mint (Fb 09), 50 g
* Schachenmayr Brazilia Color in Riviera (Fb 106), 50 g
* Wackelaugen rund, blau 20 mm
* Nadelspiel 8 mm
* Schmucksteine in blau, klar und türkis, verschiedene Größen
* Textil-Schmuckstein-Kleber
* Stopfnadel

MASCHENPROBE

Bei glatt rechts
11 M und 15 R
= 10 cm x 10 cm (gestrickt)
= 8 cm x 8 cm (verfilzt)

Glatt rechts in Runden

Alle M rechts str.

Anleitung

Mit je einem Faden in Mint und Riviera 20 M anschl, zur Rd schließen und 17 Rd glatt rechts str. In der 18. Rd für die Mundöffnung 7 M abk und in der nächsten Rd die 7 M wieder neu anschl. Weitere 3 Rd glatt rechts str. In der 4. Rd ab den neu angeschlagenen M die 1. + 2. M und 4. + 5. M auf jeder Nd rechts zusammenstr. Noch 1 Rd glatt rechts ohne Abnahmen darüber str. Nun die 2. + 3. M auf jeder Nd rechts zusammenstr = 2 M pro Nd. Über diese insgesamt 8 M noch 4 Rd glatt rechts str. In der nächsten Rd die 2 M auf jeder Nd rechts zusammenstr. In der kommenden Rd die verbliebenen 4 M nacheinander rechts zusammenstr, bis nur noch 1 M auf der Nd ist (siehe TOPP-Tipps). Die Fäden trennen und durchziehen.

Fertigstellen

Die untere Naht des Monsters schließen und alle Fäden vernähen.

Waschen

Bei 60 °C (siehe „So wird's gemacht…") mit ähnlichen Farben in der Waschmaschine waschen.
Nach dem Trocknen mit Textil-Schmuckstein-Kleber die Augen und die Schmucksteine aufkleben.

Nanu, die Träumerin

zerstreut aber liebenswert

GRÖSSE
Passend für Geräte in der Größe von 10 cm x 5 cm

Außenmaße:
gestrickt: 19,5 cm x 9,5 cm
verfilzt: 16,5 cm x 7,5 cm

MATERIAL

* Schachenmayr Wash+Filz-it! in Ruby (Fb 06), 50 g
* Schachenmayr Wash+Filz-it! in White (Fb 02), Rest
* Schachenmayr Brazilia in Burgund (Fb 38), 50 g
* Nadelspiel 8 mm
* Wackelaugen, rund 18 mm
* Textil-Schmuckstein-Kleber
* Stopfnadel

MASCHENPROBE
Bei glatt rechts
11 M und 15 R
= 10 cm x 10 cm (gestrickt)
= 8 cm x 8 cm (verfilzt)

Glatt rechts in Runden

Alle M rechts str.

Glatt rechts in Reihen

In Hinr rechte M, in Rückr linke M str.

Anleitung

24 M mit je einem Faden in Ruby und Burgund anschl, zur Rd schließen und 17 Rd glatt rechts str. In der 18. Rd 8 M für die Mundöffnung abk und in der nächsten Rd die 8 M wieder neu anschl. Noch 4 Rd ohne Abnahmen glatt rechts str. Nun auf jeder Nd die 3. + 4. M rechts zusammenstr. Noch 1 Rd ohne Abnahmen darüber str. Dann auf jeder Nd die 1. + 2. M und 4. + 5. M rechts zusammenstr. 2 Rd ohne Abnahmen glatt rechts arb. Danach die 1. + 2. M auf jeder Nd rechts zusammenstr. 2 Rd ohne Abnahmen darüber str und in der nächsten Rd auf jeder Nd 2 M rechts zusammenstr. In der letzten Rd die verbliebenen 4 M nacheinander rechts zusammenstr, bis nur noch 1 M auf der Nd ist (siehe TOPP-Tipps). Fäden trennen und durchziehen.

Zahn

Für den Zahn in White 3 M anschl und 3 R glatt rechts str. Alle M abk.

Fertigstellen

Die untere Naht des Monsters schließen und alle Fäden vernähen. Den Zahn mit der Stopfnadel auf der Innenseite der Oberlippe mit ein paar Stichen festnähen.

Waschen

Bei 60 °C (siehe „So wird's gemacht…") mit ähnlichen Farben in der Waschmaschine waschen. Nach dem Trocknen die Augen mit Textil-Schmuckstein-Kleber aufkleben.

Big Ben, der Pfundskerl

schön kuschelig!

GRÖSSE

Passend für Geräte in der Größe von 9 cm x 5 cm

Außenmaße:
gestrickt: 21 cm x 15 cm
verfilzt: 16,5 cm x 12,5 cm

MATERIAL

* Schachenmayr Wash+Filz-it! in Chocolate (Fb 03), 50 g
* Schachenmayr Sheila Soft in Braun (Fb 12) und Lavendel (Fb 47), je 50 g
* Nadelspiel 9 mm
* Wackelaugen, rund 25 mm
* Textil-Schmuckstein-Kleber
* Stopfnadel

MASCHENPROBE

Bei glatt rechts
7 M und 9 R
= 10 cm x 10 cm (gestrickt)
= 8,5 cm x 8,5 cm (verfilzt)

Glatt rechts in Runden

Alle M rechts str.

Anleitung

Mit je einem Faden in Chocolate und Braun 24 M anschl und zur Rd schließen. Den Rdbeginn mit einem Maschenmarkierer oder einem Garnrest markieren.
2 Rd glatt rechts str.
Weiter mit je einem Faden in Wash+ Filz-it! und einem Faden in Sheila arb, dabei für das Farbmuster jeweils nur den Faden in Sheila tauschen, den Faden in Chocolate beibehalten. In der nächsten Rd die ersten 6 M in Lavendel str, dann in Braun über die restlichen 18 M bis zur Markierung (Rdbeginn bzw. -ende) arb. Nun über die 6 in Lavendel gestrickten M in Braun arb und die kommenden 6 M in Lavendel str. Dann weiter über die restlichen 12 M mit Braun bis zum Rdende arb. In dieser Weise weiterstr und die 6 M in Lavendel in jeder Rd um eine Nd versetzen, bis ab Anschlag 12 Rd gestrickt sind. Nun 8 M für die Mundöffnung abk und in der nächsten Rd die 8 M wieder neu anschl. Dabei den Farbwechsel wie beschrieben fortführen. Weitere 2 Rd glatt rechts darüber str, in der folgenden Rd fortlaufend 2 M rechts zusammenstr = 12 M. 2 Rd ohne Abnahmen glatt rechts darüber str. In der nächsten Rd die 1. + 2. M auf jeder Nd rechts zusammenstr. Eine Rd ohne Abnahmen str. Nun die letzten 2 M auf jeder Nd rechts zusammenstr. In der kommenden Rd die verbliebenen 4 M nacheinander rechts zusammenstr, bis nur noch 1 M auf der Nd ist (siehe TOPP-Tipps). Die Fäden trennen und durchziehen.

Fertigstellen

Die untere Naht des Monsters schließen und alle Fäden vernähen.

Waschen

Bei 60 °C (siehe „So wird's gemacht...") mit ähnlichen Farben in der Waschmaschine waschen. Nach dem Trocknen die Augen mit Textil-Schmuckstein-Kleber aufkleben.

Shorty, der Chaot

ganz schön wild!

GRÖSSE

Passend für Geräte in der Größe von 4,5 cm x 4 cm

Außenmaße:
gestrickt: 18 cm x 9 cm
verfilzt: 10 cm x 6,5 cm

MATERIAL

* Schachenmayr Wash+ Filz-it! multicolor in Sand (Fb 203), 50 g
* Schachenmayr Wash+ Filz-it! in White (Fb 02), Rest
* Schachenmayr Brazilia in Mimose (Fb 22) und Weiß (Fb 01), je 50 g
* Nadelspiel 8 mm
* Häkelnadel 5 mm
* Wackelaugen, rund 18 mm
* Textil-Schmuckstein-Kleber

MASCHENPROBE

Bei glatt rechts
14 M und 16 R
= 10 cm x 10 cm (gestrickt)
= 7,5 cm x 8,5 cm (verfilzt)

Glatt rechts in Runden

Alle M rechts str.

Anleitung

Mit je einem Faden in Sand und Mimose 20 M anschl, zur Rd schließen und 7 Rd glatt rechts str. Danach weiter in Sand und Weiß 5 Rd arb und in der 6. Rd 7 M für die Mundöffnung abk. Diese 7 M in der nächsten Rd wieder neu anschl. Danach weiter mit Sand und Mimose 4 Rd gerade hoch glatt rechts str. In der folgenden Rd die 1. + 2. M und 4. + 5. M auf jeder Nd rechts zusammenstr. 2 Rd glatt rechts ohne Abnahmen darüber str. Nun die 1. + 2. M auf jeder Nd rechts zusammenstr. Noch eine weitere Rd ohne Abnahmen str. Jetzt die letzten 2 M auf jeder Nd rechts zusammenstr. Dann die verbliebenen 4 M nacheinander rechts zusammenstr, bis nur noch 1 M auf der Nd ist (siehe TOPP-Tipps). Fäden trennen und durchziehen.

Arme

3 M mit je einem Faden in Sand und Mimose anschl und als Strickkordel arb (siehe TOPP-Tipps). Nach 12 R alle M abk. Für die Klauen aus einem Rest White je 3 Fäden in einer Länge von ca. 10 cm mit Hilfe der Häkelnadel durch das Ende des Armes knüpfen und verknoten. Den 2. Arm genauso anfertigen.

Fertigstellen

Die untere Naht des Monsters schließen und alle Fäden vernähen. Die Arme ca. 1 cm unterhalb des Mundes an den Seiten des Monsters mit der Stopfnadel festnähen.

Waschen

Bei 60 °C (siehe „So wird's gemacht…") mit ähnlichen Farben in der Waschmaschine waschen. Nach dem Trocknen die Augen mit Textil-Schmuckstein-Kleber aufkleben.

Mein Tipp für Sie

Blickfang Bringen Sie einen kleinen Karabinerhaken mit ein paar Stichen am Kopf des Monsters an. So ist das Kerlchen überall leicht zu befestigen und wird garantiert zum Hingucker an jeder Handtasche!

Oskar, der Dicke

probier's mal mit Gemütlichkeit...

GRÖSSE
Passend für Geräte in der Größe von 12 cm x 8 cm

Außenmaße:
gestrickt: 17,5 cm x 18,5 cm
verfilzt: 14 cm x 16,5 cm

MATERIAL
* Schachenmayr Wash+ Filz-it! fashion in Marone (Fb 10), 50 g
* Schachenmayr Brazilia in Nougat (Fb 12), 50 g
* Nadelspiel 8 mm
* Wackelaugen, rund 25 mm
* Textil-Schmuckstein-Kleber
* Moosgummi-Rest in Weiß
* Druckknopf, ø 1,5 cm
* Stopfnadel
* Nähnadel

MASCHENPROBE
Bei glatt rechts
12 M und 13 R
= 10 cm x 10 cm (gestrickt)
= 7 cm x 8 cm (verfilzt)

Glatt rechts in Runden

Alle M rechts str.

Glatt rechts in Reihen

In Hinr rechte M, in Rückr linke M str.

Anleitung

Mit je einem Faden in Marone und Nougat 40 M anschl, zur Rd schließen und 14 Rd glatt rechts str. Dann für die Mundöffnung 18 M abk. Über die verbliebenen 22 M 1 Hinr rechte M und eine 1 Rückr linke M str. Dann die 18 M über der Mundöffnung wieder neu anschl und in Rd weiterarb. 5 Rd glatt rechts str. In der 6. Rd fortlaufend 2 M rechts zusammenstr = 5 M pro Nd, 20 M insgesamt. Noch 1 Rd glatt rechts ohne Abnahmen str und in der kommenden Rd die 1. + 2. M und 4. + 5. M auf jeder Nd rechts zusammenstr.
In der nächsten Rd die 1. + 2. M auf jeder Nd rechts zusammenstr. Über die restlichen 8 M noch 4 Rd glatt rechts ohne Abnahmen str. Dann alle M nicht zu locker abk.
Die untere Naht des Monsters schließen, die Öffnung im Kopf ist für Ladekabel oder Kopfhörer gedacht und bleibt offen. Alle Fäden vernähen.

Zähne

Aus einem Rest Moosgummi in Weiß zwei Rechtecke von 3 cm Länge und 1,5 cm Breite zurechtschneiden.

Waschen

Bei 60 °C (siehe „So wird's gemacht...") mit ähnlichen Farben in der Waschmaschine waschen.

Fertigstellen

Nach dem Waschen in feuchtem Zustand mit einer Stricknadel des Nadelspiels die Öffnung im Kopf in Form bringen, sodass später das Endstück des Ladekabels oder Kopfhörers hindurch passt.
Nach dem Trocknen die Augen und die Zähne mit Textil-Schmuckstein-Kleber aufkleben. Den Druckknopf mit farblich passendem Garn oberhalb der Zähne annähen.

Paula, die Fröhliche

versprüht überall gute Laune

GRÖSSE

Passend für Geräte in der Größe von 11,5 x 5,5 cm

Außenmaße:
gestrickt: 20 cm x 10 cm
verfilzt: 16,5 cm x 8,5 cm

MATERIAL

* Schachenmayr Wash+Filz-it! in White (Fb 02), 50 g
* Schachenmayr Sheila Soft in Natur (Fb 02), Hellbraun (Fb 11) und Pink (Fb 36), je 50 g
* Nadelspiel 9 mm
* Wackelaugen, rund 18 mm
* Textil-Schmuckstein-Kleber
* Stopfnadel

MASCHENPROBE

Bei glatt rechts
7 M und 9 R
= 10 cm x 10 cm (gestrickt)
= 8,5 cm x 8,5 cm (verfilzt)

Glatt rechts in Runden

Alle M rechts str.

Anleitung

Mit je einem Faden in White und Natur 16 M anschl, zur Rd schließen und 2 Rd glatt rechts str. Weiter mit je einem Faden Wash+Filz-it! und Sheila arb, dabei für das Streifenmuster jeweils nur den Faden in Sheila tauschen. Dafür wie folgt glatt rechts str: 2 Rd in Hellbraun, 2 Rd in Natur, 2 Rd in Pink, 2 Rd in Natur, 2 Rd in Hellbraun = 12 Rd ab Anschlag.
In der 13. Rd in Natur für die Mundöffnung 6 M abk und in der nächsten Rd diese 6 M wieder neu anschl. Nun zu Pink wechseln und 2 Rd glatt rechts str. In der nächsten Rd wieder zu Natur wechseln und die 1. + 2. M und 3. + 4. M auf jeder Nd rechts zusammenstr. 1 Rd ohne Abnahmen darüber str. Dann in Hellbraun weiterarb und die letzten 2 M auf jeder Nd rechts zusammenstr. In der kommenden Rd die verbliebenen 4 M nacheinander rechts zusammenstr, bis nur noch 1 M auf der Nd ist (siehe TOPP-Tipps). Fäden trennen und durchziehen.

Fertigstellen

Die untere Naht des Monsters schließen und alle Fäden vernähen.

Waschen

Bei 60 °C (siehe „So wird's gemacht...") mit ähnlichen Farben in der Waschmaschine waschen. Nach dem Trocknen die Augen mit Textil-Schmuckstein-Kleber aufkleben.

Mein Tipp für Sie

Haare ausbürsten Bei diesem Garn ist es durch den ständigen Farbwechsel sehr wichtig, vor dem Waschen die „Haare" aus den Maschen zu bürsten, da das Monster sonst nach dem Waschen sehr ungleichmäßig wirkt.

Stripe, das Restemonster

spielt gern Verstecken

GRÖSSE

Passend für Geräte in der Größe von 11 cm x 5,5 cm

Außenmaße:
gestrickt: 18 cm x 7 cm
verfilzt: 15,5 cm x 6 cm

MATERIAL

* Schachenmayr Wash+Filz-it! in Black (Fb 01), 50 g
* Schachenmayr Brazilia in Schwarz (Fb 99), 50 g
* Schachenmayr Brazilia in Weinrot (Fb 31), Malachit (Fb 1284), Burgund (Fb 38), Mimose (Fb 22), Dunkeloliv (Fb 72), Silber (Fb 90) und Marine (Fb 50), Reste
* Nadelspiel 8 mm
* Wackelaugen, rund 18 mm
* Textil-Schmuckstein-Kleber
* Stopfnadel

MASCHENPROBE

Bei glatt rechts
11 M und 15 R
= 10 cm x 10 cm (gestrickt)
= 8 cm x 8 cm (verfilzt)

Glatt rechts in Runden

Alle M rechts str.

Anleitung

Mit je einem Faden in Black und Schwarz 24 M anschl, zur Rd schließen und 1 Rd glatt rechts str. Weiter mit je einem Faden Wash+Filz-it! und Brazilia arb, dabei für das Streifenmuster jeweils nur den Faden in Brazilia tauschen. Das Streifenmuster wie folgt str:
2 Rd in Weinrot, 2 Rd in Schwarz, 2 Rd in Malachit, 2 Rd in Schwarz, 2 Rd in Mimose, 2 Rd in Schwarz, 2 Rd in Burgund, 2 Rd in Schwarz = 17 Rd ab Anschlag.
Nun 1 Rd in Dunkeloliv arb, dabei 8 M für die Mundöffnung abk und diese in der nächsten Rd wieder neu anschl. Zu Schwarz wechseln und 2 Rd glatt rechts str, dann 2 Rd in Silber arb. Nun in Schwarz weiterarb und auf jeder Nd die 1. + 2. M und 5. + 6. M rechts zusammenstr. Noch 1 Rd ohne Abnahmen in Schwarz arb. Weiter in Marine die 1. + 2. M auf jeder Nd rechts zusammenstr und noch 1 weitere Rd glatt rechts ohne Abnahmen arb. In der nächsten Rd mit Schwarz die 1. + 2. M auf jeder Nd rechts zusammenstr. Dann die restlichen 2 M auf jeder Nd rechts zusammenstr. Zuletzt die verbliebenen 4 M nacheinander rechts zusammenstr, bis nur noch 1 M auf der Nd ist (siehe TOPP-Tipps). Fäden trennen und durchziehen.

Fertigstellen

Die untere Naht des Monsters schließen und alle Fäden vernähen.

Waschen

Bei 60 °C (siehe „So wird's gemacht…") mit ähnlichen Farben in der Waschmaschine waschen. Nach dem Trocknen die Augen mit Textil-Schmuckstein-Kleber aufkleben.

Nicole Helmer lebt mit Mann und zwei Söhnen in Steinbach/Taunus. Das Experimentieren mit verschiedenen Garnen und Stricktechniken begeistert sie schon seit längerem. Nach den Anfängen mit Strickfilztaschen kam bald die Lust, etwas Neues auszuprobieren. Da es in ihrem Männerhaushalt viele technische Geräte gibt und Handys und MP3-Player zu unseren ständigen Begleitern gehören, kam ihr die Idee, diese von ihren Monstern verschlucken zu lassen.

DANKE!

Wir danken der Firma Coats für die Unterstützung bei diesem Buch:
Coats GmbH Kenzingen
www.coatsgmbh.de

Besonderen Dank meinem Mann für die Geduld, da ich nur Augen für die Monster hatte.

TOPP – Unsere Servicegarantie

WIR SIND FÜR SIE DA! Bei Fragen zu unserem umfangreichen Programm oder Anregungen freuen wir uns über Ihren Anruf oder Ihre Post. Loben Sie uns, aber scheuen Sie sich auch nicht, Ihre Kritik mitzuteilen – sie hilft uns, ständig besser zu werden.

Bei Fragen zu einzelnen Materialien oder Techniken wenden Sie sich bitte an unseren Kreativservice, Frau Erika Noll.
mail@kreativ-service.info
Telefon 0 50 52 / 91 18 58

Das Produktmanagement erreichen Sie unter:
pm@frechverlag.de
oder:
frechverlag
Produktmanagement
Turbinenstraße 7
70499 Stuttgart
Telefon 07 11 / 8 30 86 68

LERNEN SIE UNS BESSER KENNEN! Fragen Sie Ihren Hobbyfach- oder Buchhändler nach unserem kostenlosen Kreativmagazin **Wolle & Co.**. Darin entdecken Sie halbjährlich die neuesten Kreativtrends und interessantesten Buchneuheiten.

Oder besuchen Sie uns im Internet! Unter **www.frechverlag.de** können Sie sich über unser umfangreiches Buchprogramm informieren, unsere Autoren kennenlernen sowie aktuelle Highlights und neue Kreativtechniken entdecken, kurz – die ganze Welt der Kreativität.

Kreativ immer up to date sind Sie mit unserem monatlichen **Newsletter** mit den aktuellsten News aus dem frechverlag, Gratis-Anleitungen und attraktiven Gewinnspielen.

IMPRESSUM

FOTOS: frechverlag GmbH, 70499 Stuttgart; lichtpunkt, Michael Ruder, Stuttgart
PRODUKTMANAGEMENT UND LEKTORAT: Miriam Heil
GESTALTUNG: Petra Theilfarth
DRUCK: frechdruck GmbH, 70499 Stuttgart PRINTED IN GERMANY

Auflage: 5. 4. 3. 2. 1.
Jahr: 2014 2013 2012 2011 2010 [Letzte Zahlen maßgebend]

ISBN 978-3-7724-6669-4 • Best.-Nr. 6669